IL PROCESSO ALLE STREGHE DI SALEM   **4**

CONTESTO   6

Streghe, i secondi di Satana   6
America, terra di eresie   8
Salem, rifugio puritano   10

IL PROCESSO   12

Le paure infantili, la più grande arma di Satana   12
Il balletto delle accuse   16
Sentenze e condanne   18

IMPATTI   22

La caduta di Salem e i Puritani   22
Le cause dell'isteria di massa   24
Quando i boia chiedono perdono   25

IN SINTESI   26

PER ANDARE OLTRE   28

Fonti bibliografiche   28
Fonti aggiuntive   28
Fonti iconografiche   29
Documentario e risorse   29
Musei ed edifici commemorativi   29

IL PROCESSO ALLE STREGHE DI SALEM

- **Quando è successo?** Nel 1692.

- **Dove:** Salem, Massachusetts, New England.

- **Contesto?** Storia coloniale americana.

- **I protagonisti?** Gli abitanti del villaggio di Salem e dei suoi dintorni.

- **Implicazioni?**

  - La condanna a morte di 19 persone, la morte di altre otto e l'incarcerazione di oltre 150 sospetti.

  - Il declino dell'influenza puritana in politica.

  - La proibizione delle accuse di stregoneria nel New England.

Nel XVIII secolo, il Massachusetts era una colonia prospera e un rifugio per i puritani in fuga dalle persecuzioni in Inghilterra. Continuamente vessati dai francesi e dagli indiani, i coloni inglesi fondarono comunque città fiorenti, come Salem, non lontano da Boston. Ma questi continui conflitti hanno creato un clima di ansia. Tanto che, nel gennaio 1692, ordinari attacchi isterici causarono una psicosi senza precedenti nella popolazione del villaggio di Salem. Diversi bambini presentavano strani sintomi: la figlia e la nipote del reverendo Parris sembravano possedute dai demoni. Interrogate, le ragazze rivelano i nomi di diverse streghe. Una di loro,

IL PROCESSO ALLE STREGHE DI SALEM

Demonologia e isteria di massa nel Massachusetts

IL PROCESSO ALLE STREGHE DI SALEM

Demonologia e isteria di massa nel Massachusetts

scritto da Jonathan Duhoux
tradotto par Sara Rossi

50MINUTES.com

la schiava delle due ragazze, si confessa rapidamente ai magistrati e confessa di aver stretto un patto con il diavolo, che da allora la costringe a tormentare le sue giovani amanti. Sostiene inoltre che ci sono molte altre streghe. Gli abitanti sono spaventati e tutti credono che Satana stia cercando di distruggere la nuova terra dei Puritani. I magistrati furono implacabili nel perseguire la stregoneria, imprigionando oltre 150 imputati, 19 dei quali furono impiccati.

Sebbene si trattasse di un evento limitato, il tema entrò molto presto a far parte dell'immaginario collettivo e continua a lasciare il segno a distanza di tre secoli.

CONTESTO

STREGHE, I SECONDI DI SATANA

Le streghe hanno sempre avuto un ruolo importante nell'immaginario. Sebbene siano spesso descritte come innocue, persino dotae di poteri curativi o marginali, sono state cacciate fin dalla notte dei tempi. Nell'Antico Testamento, la stregoneria è considerata un abominio e "sarà punita con la morte..." (Lev 20, 27), ma la figura di Satana non viene quasi mai menzionata. Anche il Nuovo Testamento segue la stessa linea e condanna tutte le pratiche magiche.

L'immagine del diavolo come antitesi di Dio e principe delle tenebre è stata creata dai cristiani. Il Maligno perverte i deboli, corrompe le loro anime e rappresenta una minaccia materiale per il regno spirituale. Se la fede di un cristiano vacilla, Satana può sviarlo con la sua malizia e portarlo all'inferno. Nei primi secoli del Medioevo, tuttavia, la Chiesa si limitò a considerazioni teoriche e liquidò le prove della stregoneria come racconti di vecchie comari.

Dopo il tragico episodio della peste nera (1346-1352), che decimò l'Europa uccidendo quasi 25 milioni di persone, certezze e credenze furono messe in discussione. Nel mezzo di questo malessere generale, l'Inquisizione inventò il satanismo come culto organizzato ostile a Dio. La Chiesa mescolava allegramente le nozioni di stregoneria ed eresia, il che le consentiva di giudicare qualsiasi violazione della fede come una perversione del Maligno. Per gli inquisitori, la stregoneria riguardava soprattutto le donne, considerate più deboli e più suscettibili alla suggestione e alle passioni. Tutti questi elementi contribuiscono a renderli vittime che cedono più facilmente la loro anima al diavolo. Allo stesso tempo, i teologi crearono una ricca letteratura demono-logica, una delle più famose delle quali fu il *Malleus Maleficarum* (*"Il martello delle streghe"*) pubblicato nel 1487, che forniva tutte le informazioni necessarie per individuare le streghe ed eliminarle.

 ## CONTRASTARE L'ERESIA

L'Inquisizione è un tribunale ecclesiastico incaricato di dare la caccia agli eretici della fede cattolica. Creata nel XII secolo, fu pienamente istituzionalizzata con il IV Concilio Lateranense (1215), che ne dettagliava le procedure da seguire. Le pene variavano da poche pre-ghiere alla condanna a morte, a seconda della gravità del reato commesso e delle prove di colpevolezza. Sebbene l'Inquisizione facesse regolarmente ricorso alla tortura, la sua reputazione fu macchiata soprat-tutto dagli oppositori della Chiesa cattolica romana. Molto meno violenti rispetto alle leggende, gli inquisi-tori erano più indulgenti con le streghe rispetto ai tri-bunali civili nel XVII e XVIII secolo.

Nell'immaginario collettivo, le streghe si riuniscono nei boschi per partecipare ai sabba, che sono teatro di grandi orge e mostruosità di ogni genere: si dice che usino carne tritata per preparare intrugli malefici, che si accoppino con Satana per produrre figli demoniaci e che siano in grado di lanciare incantesimi con un semplice sguardo. Di fronte a un tale nemico, i demonologi invocano una repressione violenta. Sotto la costrizione della tortura, migliaia di donne finiscono per confessare tutto ciò che i loro aguzzini suggeriscono, al fine di porre fine al loro tormento.

Alla fine del XVIII secolo i processi per stregoneria stavano diventando meno comuni in Europa, e il rogo si estinse completamente nel secolo successivo, quando l'Illuminismo illuminò le persone. Ma in America i coloni europei si sono trovati di fronte a un mondo nuovo, misterioso e ostile, che ha riportato alla luce paure ancestrali.

AMERICA, TERRA DI ERESIE

A partire dalla fine del XVII secolo, l'Inghilterra si è lanciata alla conquista del mondo colonizzando nuovi territori. Per farlo, si affidò a una potente flotta, la Royal Navy (che divenne la Marina Reale nel 1660), che affermò la sua supremazia per tutto il XVIII secolo.

Sotto il regno di Giacomo I (1566-1625), re d'Inghilterra dal 1603, gli inglesi iniziarono la conquista dell'America con l'obiettivo di incrementare l'economia attraverso la crescita demografica. L'aumento della popolazione divenne quindi una priorità e gli inglesi fondarono 13 insediamenti lungo la costa orientale.

I dati sulla popolazione sono ancora piuttosto imprecisi a causa della mancanza di censimenti. Tra le colonie inglesi, il Massachusetts conobbe un'espansione demografica particolarmente importante. Con appena mezzo migliaio di coloni nel 1630, la popolazione superava le 50.000 anime alla fine del XVIII secolo. Le città di Boston e Salem, particolarmente prospere, attirarono molte famiglie di immigrati.

Nel New England, l'accento era posto sull'evangelizzazione dei nativi, come dimostra lo statuto della Massachusetts Bay Company: "Il fine principale dell'insediamento [è] quello di conquistare e indurre i nativi del Paese alla conoscenza e all'obbedienza dell'unico vero Dio e salvatore dell'umanità e della fede cristiana". (Citato in BERNAND (Carmen) e Gruzinski (Serge), *Histoire du nouveau monde*, tome 2, Paris, Fayard, 1993, p. 611).

Mentre la maggior parte dei nativi americani accolse inizialmente i coloni e i puritani impararono a coltivare i prodotti locali, alcuni di loro sembrarono affascinati dai nativi e finirono per infrangere le leggi e negare Dio. Notando ciò, i predicatori puritani radicalizzarono i loro discorsi e presentarono i nativi come peccatori, o addirittura come una razza satanica inviata dal Maligno per impedire al cristianesimo di attecchire in queste terre appena colonizzate. Di conseguenza, i coloni che si erano adattati alla cultura indigena se ne alienarono e i conflitti tra le due civiltà aumentarono. Gli amerindi persero molti dei loro uomini in battaglia, ma anche a causa delle malattie portate dai coloni, alle quali non erano immuni.

Inoltre, c'era un altro nemico, i francesi, che avevano messo gli occhi sui territori delle colonie inglesi. Spesso alleati con tribù indiane, resero la vita difficile ai coloni inglesi.

SALEM, RIFUGIO PURITANO

Alla fine del XVII secolo, i Puritani furono perseguitati in Inghilterra. La regina Elisabetta I (1533-1603) e i suoi successori non apprezzarono le richieste di questo movimento calvinista, i cui membri volevano epurare l'Inghilterra dai cattolici e aspiravano a prendere il potere per imporre la loro visione alla società. Perseguitati, i puritani fuggirono in massa nel Massachusetts, una nuova terra che permise loro di plasmare un mondo secondo i loro ideali.

Dopo la creazione di Plymouth, un piccolo gruppo di coloni puritani fondò Salem nel 1628 sulle rive della Massachusetts Bay, dove la terra era fertile. Lo statuto della Compagnia della Baia del Massachusetts, abilmente negoziato con il re, le permise di essere virtualmente indipendente dall'Inghilterra. Per potervi risiedere, i coloni dovettero firmare un contratto che stabiliva che avrebbero obbedito ai precetti puritani: credere nell'unico vero Dio, lavorare duramente, essere rigorosi e disciplinati e difendere la libertà. Con una forte etica del lavoro e un senso di parsimonia in primo piano, i segni esteriori della ricchezza erano visti come un riflesso del merito personale e dell'approvazione divina.

Sebbene i Puritani fossero effettivamente severi e rigorosi, ci sono molte idee sbagliate su di loro. I puritani non conducono una vita monastica, anche se predicano la moderazione. Non rifiutano le pratiche sessuali; al contrario, sono addirittura incoraggiate all'interno del matrimonio. Allo stesso modo, non rifiutano il consumo di alcol, purché rimanga ragionevole. Infine, contrariamente allo stereotipo promosso da Hollywood, i Puritani non vestono tutti di nero. Questi pregiudizi sono così radicati che ancora oggi il termine "puritano" è sinonimo di castità, austerità, modestia e privazione.

La popolazione, prevalentemente agricola, si arricchì presto di molti immigrati. La città si estese sempre di più, tanto da formare rapidamente diverse comunità: Salem Town rimase la principale e più prospera; Salem Village, chiamato anche Salem Farms (oggi Danvers), riuniva concessioni più isolate. È in quest'ultima comunità che si svolsero i drammatici eventi del 1692.

IL PROCESSO

LE PAURE INFANTILI, LA PIÙ GRANDE ARMA DI SATANA

Fu proprio nella canonica che il male si manifestò per la prima volta nel villaggio di Salem. Dal 1689 il luogo è stato occupato dal reverendo Samuel Parris (1653-1720), dalla sua famiglia e dalla sua servitù. Uomo piuttosto amareggiato, il reverendo Parris non accettò i suoi numerosi fallimenti: la sua piantagione fu devastata da un uragano alle Barbados (un'isola del Mar dei Caraibi) e la sua impresa commerciale fallì a Boston. Diventa ministro del culto nella speranza di ottenere finalmente un po' di prestigio e viene assegnato a una comunità difficile, Salem Village. La comunità è piena di conflitti tra le famiglie Putnam e Porter e tutti sono sospettosi nei confronti degli estranei. Le aspirazioni frustrate di Parris si riflettono spesso nei suoi sermoni.

Gli inverni nel Massachusetts sono rigidi e l'inverno del 1691-1692 non fece eccezione. Elizabeth (Betty) Parris, di 9 anni, e Abigail Williams, di 11, rispettivamente figlia e nipote del reverendo Parris, trascorrevano le loro lunghe giornate in compagnia della schiava di famiglia, Tituba. Questa ragazza nativa americana, riportata dai Caraibi dal reverendo Parris, offre alla sua famiglia un certo prestigio, dato che gli schiavi scarseggiano nel villaggio di Salem. Per intrattenere le ragazze, Tituba racconta loro storie della sua infanzia e si esibisce in piccoli trucchi di magia.

Anche se si tratta solo di un gioco, le due ragazze sono turbate perché il reverendo Parris spiega spesso nei suoi sermoni che la magia e la divinazione sono arti maligne praticate dai servi di Satana. Divise tra il piacere del proibito e il senso di colpa, Betty e Abigail sprofondano lentamente nell'isteria. A partire dal gennaio 1692, le due bambine cominciano a comportarsi in modo strano. Secondo le voci, parlavano una lingua sconosciuta, muovevano i piedi, rifiutavano le preghiere e soffrivano di violente convulsioni. Di fronte a questi sintomi, i medici locali non erano in grado di fare una diagnosi. Ma un giorno, uno dei praticanti, William Griggs, sollevò la possibilità di un incantesimo satanico: "La mano del diavolo è su di loro", disse (citato da CRETE (Liliane), *Les sorcières de Salem*, Paris, Julliard, 1995, p. 51). Gradualmente, altre giovani ragazze di Salem vengono colpite dagli stessi mali. Si tratta di Ann Putnam Jr. ed Elizabeth Hubbard. Vicini di casa della canonica e amici di Betty e Abigail, hanno sicuramente partecipato alle sessioni di magia organizzate da Tituba.

Il reverendo Parris si rifiuta di credere che le ragazze siano stregate, ma le voci di un incantesimo malefico si stanno già diffondendo per le strade del villaggio di Salem. Le ragazze vengono continuamente interrogate per scoprire chi le ha stregate. Un giorno, durante una crisi epilettica, Betty sussurra finalmente il nome di Tituba. Probabilmente influenzate dai suggerimenti dei loro interroganti, Abigail e le altre rompono il silenzio e nominano all'unanimità la schiava e altre due aguzzine, Sarah Good (1653-1692) e Sarah Osborne (1643-1692). Diversi abitanti di Salem Farms presentarono una denuncia per stregoneria e il 29 febbraio 1692 i magistrati emisero un mandato di arresto. Il giorno successivo i sospettati vennero interrogati.

Le tre donne corrispondono al profilo delle streghe descritto nell'immaginario popolare. La prima, Tituba, è indiana. Per nascita, è di natura empia e destinata a servire il diavolo. La seconda, Sarah Good, è una mendicante disprezzata da tutto il villaggio di Salem. Aggressiva e sporca, borbottando continuamente parole incomprensibili, è già sospettata di aver scatenato un'epidemia nell'allevamento di un contadino. Per quanto riguarda la terza, Sarah Osborne, sebbene provenga da un ambiente rispettabile, il suo comportamento ha violato l'ordine morale puritano. Si dice che l'anziana signora abbia preso un amante molto più giovane di lei, prima di sposarlo una volta rimasta vedova. E, peggio ancora, non va quasi più in chiesa.

Gli interrogatori furono condotti da due magistrati della città di Salem, John Hathorne (1641-1717) e Jonathan Corwin (1640-1718). Questi ultimi erano assistenti della Corte generale del Massachusetts e non si erano mai occupati di casi di stregoneria, che erano piuttosto rari nel New England.

 ## LA STREGONERIA NEL NEW ENGLAND

I processi del villaggio di Salem non furono i primi eventi legati alla stregoneria nel New England, ma le autorità in genere esercitarono una grande moderazione in materia, consapevoli che le calunnie erano comuni tra i vicini. Tra il 1648 e il 1692, ci furono meno di cento condanne per questa accusa, di cui solo cinque nel Massachusetts. Se condannate, le streghe venivano solitamente impiccate, come era consuetudine in Inghilterra.

La casa di riunione, che era sia una chiesa che un luogo di incontro pubblico, fu riempita l'1 marzo 1692. Molti abitanti erano piuttosto scettici riguardo alle accuse di stregoneria, ma i magistrati riuscirono a seminare il dubbio tra il pubblico con domande insidiose. I sospetti sembrano avere difficoltà a pronunciare la parola "Dio" e le confusioni di due di loro sono percepite come bugie. Inoltre, i bambini posseduti presenti in aula urlano che gli spettri delle tre donne li stanno tormentando; hanno convulsioni, digrignano i denti e si trascinano sul pavimento, torcendo dolorosamente i muscoli.

Tuttavia, è una sorpresa quando Tituba, invece di difendersi, confessa direttamente i suoi crimini: "Il diavolo è venuto da me e mi ha chiesto di servirlo", dice (citato in CRETE (Liliane), *Les sorcières de Salem*, Paris, Julliard, 1995, p. 66). Racconta poi che un uomo vestito di nero le chiese di servirlo per sei anni in cambio di molti doni. Lo straniero aprì allora un libro sul quale Tituba fece un segno con il suo sangue. Lo schiavo nativo americano sostiene che nel libro c'erano molte altre firme, tra cui quelle di Sarah Good e Sarah Osborne. Considerando le prove sufficientemente schiaccianti, i magistrati Hathorne e Corwin mandano le tre donne alla prigione di Boston. I semi della follia sono ormai piantati nella mente delle persone. Ben presto, alcuni ipotizzano che possa trattarsi di un complotto satanico per distruggere Salem, visto il numero di firme che Tituba dice che il misterioso libro conteneva.

IL BALLETTO DELLE ACCUSE

Mentre Tituba, Sarah Good e Sarah Osborne vengono rinchiuse a 20 miglia dal villaggio di Salem, le condizioni delle quattro ragazze non migliorano. Senza dubbio tormentati dal rimorso e dalla paura, continuano a soffrire di convulsioni e allucinazioni. Più preoccupante è il fatto che altre sei bambine sembrano essere vittime di possessione: Mary Warren, Mary Walcott, Susannah Sheldon, Mercy Lewis, Sarah Churchill ed Elizabeth Booth. Il male colpisce anche le donne anziane: Sarah Biber, Mrs Pope, Mrs Goodall e Mrs Putman. Quest'ultima è la madre di Ann Putman Jr. una delle ragazze già in possesso. La donna, che è stata defraudata di un'eredità ed è insoddisfatta della sua posizione, è piena di rabbia e frustrazione. Ossessionata dal desiderio di vendetta, si convince che la sua disgrazia sia il risultato di un complotto satanico che affligge il villaggio di Salem. In circostanze normali, la persecuzione delle streghe si sarebbe fermata con l'imprigionamento dei primi tre sospetti, ma il delirio e il risentimento di Ann Carr Putman portano gli eventi del Salem Village ben oltre.

Accusò per prima Martha Corey, moglie di un contadino di Salem, cosa che fu confermata anche da altre donne possedute. Come donna rispettata e religiosa, il profilo di Martha Corey è molto diverso da quello dei primi tre imputati. Di conseguenza, sia i magistrati che i cittadini nutrono seri dubbi sulla sua colpevolezza. Ma Martha Corey è un tipo sfrontato e si difende negando l'esistenza delle streghe e non mostrando alcuna compassione per i malati. Il magistrato Hathorne la interroga piuttosto duramente e, dopo aver acquisito prove sufficienti per giudicarla colpevole, la manda nella prigione di Salem Farms.

L'interrogatorio di Dorcas Good (nata nel 1687), figlia della strega Sarah Good, scuote nuovamente la popolazione. Era sospettata di tormentare i malati, sostituendo la madre nel suo compito malvagio. La bambina, di appena cinque anni, sostiene di aver ricevuto da lei un serpente, un familiare che si nutre succhiando il dito. La ragazza ha due piccoli segni sul dito e, anche se potrebbe trattarsi di un semplice morso, questa prova è sufficiente per i magistrati per incarcerarla.

 ## LO SAPEVATE?

Nella demonologia, i famigliari sono piccoli animali attraverso i quali il diavolo trasmette poteri alle sue vittime.

Fu poi la volta di Rebbeca Nurse (1621-1692) a finire sul banco degli imputati. Donna rispettata, pia e caritatevole, nessuno la considerava una strega. Ma l'interrogatorio di Dorcas Good ha lasciato il segno: se il diavolo può corrompere un bambino di cinque anni, perché non può conquistare alla sua causa una donna pia? Nel dubbio, Rebbeca Nurse viene mandata in prigione.

Le accuse si susseguirono e il caso si allargò a tal punto che le udienze furono spostate nella casa di riunione di Salem Town, che poteva ospitare più persone. Anche altri magistrati vennero a sostenere gli interrogatori, come il giudice Samuel Sewall (1652-1730) e suo fratello Stephen (1657-1725). Il giudice Samuel Sewall, che si ritiene illuminato e benevolo, non riuscì a calmare la situazione. I posseduti continuano il loro macabro gioco, alimentato dalle domande ambigue dei magistrati, dall'amarezza del reverendo Parris e dal delirio ossessivo di Ann Carr Putman.

Le streghe non erano più nominate solo a Salem, ma anche nelle città e nei villaggi circostanti. Mentre alcune imputazioni sembrano ovvie, come quella di Bridget Bishop (1632-1692), una locandiera che probabilmente uccise il marito e si dice praticasse la magia nera, altre sono più sorprendenti, come quella di Mary Easty, una gentile vicina di casa e pilastro della chiesa. Altre sono ancora più fantasiose, come le accuse a Philip English (nato nel 1651), un ricchissimo armatore di Salem, al ministro del culto George Burroughs (1652-1692) o al capitano John Alden (1626-1702), eroe di molte guerre contro gli indiani. Salem sembra essere impazzita.

SENTENZE E CONDANNE

All'inizio del 1692 la vita politica di Salem fu sospesa. Il Massachusetts dovette negoziare una nuova carta con l'Inghilterra. Senza autorità legali, i tribunali del Massachusetts non potevano emettere verdetti. Per questo motivo le prime donne accusate trascorrono molti mesi nelle prigioni di Salem, Boston e dintorni. Le condizioni erano terribili e Sarah Osborne, invecchiata e indebolita, morì nella sua cella il 10 maggio 1692.

Il 14 maggio, il nuovo governatore Sir William Phips (1651-1695), appena arrivato a Boston, si trovò di fronte a una realtà inquietante: si diceva che la città di Salem fosse afflitta da un gran numero di possessioni sataniche. Per calmare la situazione, dieci giorni dopo fondò il *Tribunale speciale di Oyer and Terminer* (letteralmente "tribunale per ascoltare e giudicare"). Per condurre i processi furono nominati nove giudici, tra cui Samuel Sewall, John Hathorne e Jonathan Corwin. William Stoughton (1631-1701), un vice governatore, divenne presidente della corte.

Incapaci di distinguere le prove dalle dicerie, i giudici chiesero consiglio ai ministri del culto di Boston, in particolare a Cotton Mather (1663-1728), una rinomata figura puritana con una vasta conoscenza della caccia alle streghe. Il dibattito è stato acceso tra i pastori e i magistrati. I primi sostenevano la cautela nonostante i loro sermoni infuocati e ritenevano che le prove spettrali non fossero sufficienti per condannare una strega. I ministri del culto erano sospettosi delle denunce pubbliche e insistevano sulla necessità di fare riferimento a prove tangibili. Per i magistrati Stoughton e Hathorne, invece, la sofferenza degli afflitti è una prova sufficiente della colpevolezza dei sospettati.

La prima a essere processata fu la locandiera Bridget Bishop il 2 giugno 1692. La sua colpevolezza non era in dubbio e la giuria l'ha giudicata tale, anche se lei continuava a sostenere il contrario. I giudici la condannarono a morte e il 10 giugno Bridget Bishop fu impiccata fuori città sulla Gallow's Hill, la collina dei patiboli.

Non tutti gli imputati vengono condannati con la stessa unanimità. Rebecca Nurse, un'anziana donna di cui i vicini lodano la gentilezza e la pietà, riesce a ottenere la clemenza della giuria e viene dichiarata non colpevole. Ma il verdetto scatena un fragoroso clamore e le donne afflitte vanno in convulsione. Le loro membra si contorcevano e chiedevano la morte di Rebecca Nurse. Il giudice ha quindi chiesto la revisione del verdetto per far cessare il tormento delle vittime. Fu portata a Gallow's Hill il 19 luglio, insieme ad altre quattro persone, tra cui Sarah Good, per essere impiccata.

La condanna a morte di una donna come Rebecca Nurse provoca il panico. Se un praticante così virtuoso viene impiccato, nessuno è al sicuro. Alcune famiglie decidono di fuggire da Salem prima che la situazione peggiori ulteriormente. Anche altri residenti se ne vanno dopo essere stati nominati dai malati, per paura di affrontare le domande dei magistrati. I più ricchi di solito riescono a sottrarsi alla giurisdizione fuggendo in città come New York. Tuttavia, i fuggitivi sono stati braccati e talvolta catturati dalle autorità. Inoltre, molti dei detenuti, tra cui il ricco armatore Philip English e il capitano John Alden, riuscirono a fuggire dalla prigione.

Le prove continuano. Cinque persone vengono impiccate in agosto e altre otto in settembre. Ma le sentenze sono ben lontane dal tenere il passo con il ritmo frenetico delle accuse: i figli denunciano i genitori, i mariti sono sempre più sospettosi delle mogli, i poveri si vendicano dei potenti. In totale, più di 150 persone furono imprigionate per stregoneria. Oltre alle diciannove impiccagioni, sette persone sono morte in custodia. Infine, un anziano di nome Giles Corey (1611-1692) fu condannato alla tortura per essersi rifiutato di testimoniare al processo della moglie Martha. La sua gabbia toracica fu schiacciata dalle pietre e morì per tre giorni. La sua morte porta a 27 il numero totale delle vittime di questi processi alle streghe.

IMPATTI

LA CADUTA DI SALEM E I PURITANI

Alla fine dell'estate del 1692, i sacerdoti puritani erano sempre più contrari ai metodi utilizzati dai magistrati e volevano qualcosa di più di una semplice prova spettrale per condannare gli accusati. Sebbene riuscissero a convincere la loro congregazione di questo punto di vista, i processi alle streghe persero gradualmente il sostegno dell'opinione pubblica. Il giudizio dei malati fu messo in discussione e, poiché erano meno richiesti, i loro attacchi isterici divennero meno frequenti. Gradualmente, la popolazione cominciò a dubitare della veridicità degli eventi e a temere che persone innocenti fossero state condannate ingiustamente.

D'accordo con tutti gli altri, il governatore William Phips ha sciolto il *Tribunale speciale di Oyer and Terminer* in ottobre e ha dichiarato che le prove spettrali non erano più ammissibili. Molti prigionieri sono stati rilasciati e sono stati celebrati sempre meno processi. Gli ultimi condannati a morte sono stati infine graziati dal governatore, che ha dichiarato un'amnistia generale. Ciò non significa, tuttavia, che tutti i sospetti siano stati liberati. In effetti, le tasse carcerarie dovevano essere pagate prima dell'apertura delle celle e molti non potevano permettersi di farlo. Il reverendo Parris, ad esempio, si rifiuta di pagare per la liberazione di Tituba, che considera responsabile di tutti questi eventi.

Mentre Increase Mather (1639-1723), presidente di Harvard e rispettato puritano, scrisse una famosa tirata: "È meglio lasciar scappare dieci presunte streghe che condannare un innocente" (citato in CRETE (Liliane), *Les sorcières de Salem*, Paris, Julliard, 1995, p. 280), suo figlio, Cotton Mather, scelse di continuare la lotta contro Satana. Infatti, sebbene abbia sempre sostenuto la moderazione nei processi di Salem, non ha mai dubitato dell'esistenza del diavolo. Nei suoi scritti sul satanismo, difese i magistrati della *Court of Oyer and Terminer*, ma la sua ossessione finì per distruggere la sua reputazione.

Per due secoli i Puritani furono considerati i principali responsabili delle tragedie avvenute a Salem e la loro influenza continuò a diminuire. In un mondo anglosassone che insisteva sulla moderazione nei processi per stregoneria, i Puritani furono accusati di infiammare le passioni con la loro retorica. Gli scritti di Cotton Mather hanno avuto un ruolo fondamentale nel formulare questa accusa. Tuttavia, la responsabilità era dei magistrati, che furono particolarmente zelanti nel perseguire le streghe di Salem.

Le conseguenze non erano solo psicologiche. La città, precedentemente prospera, subì una grave battuta d'arresto economica nel 1692. Molti abitanti del villaggio hanno abbandonato il lavoro per seguire i processi, mentre altri sono fuggiti dalla regione per paura di essere perseguiti, causando un brusco calo della produzione.

LE CAUSE DELL'ISTERIA DI MASSA

Molti ricercatori hanno cercato di capire le ragioni per cui una comunità come quella di Salem si scatenò nella caccia alle streghe. L'evento può sembrare insignificante se paragonato alle grandi persecuzioni europee, molto più violente e spettacolari, ma nel mondo anglosassone, solitamente così moderato nel caso dei processi alle streghe, gli eventi rimangono eccezionali.

In questo caso, gli accusatori sono visti da alcuni come bambini con troppo potere. Come in un gioco, avrebbero indicato quelli che volevano veder sparire. Ma Betty Parris, Abigail Williams, Mercy Thompson e le altre sono davvero malate. Soffrendo di disturbi psicologici, queste ragazze sono probabilmente in buona fede, ma la malattia che le possiede sarà diagnosticata correttamente solo nel XXe secolo dalla medicina moderna. Si trattava infatti di casi di isteria, una nevrosi che provoca crisi emotive incontrollabili. Questa malattia è particolarmente favorita da alcune fobie o da un ambiente stressante.

Il costante clima di ansia a Salem ha quindi probabilmente giocato un ruolo importante nell'evento. All'epoca dell'evento, gli inglesi stavano uscendo da un importante conflitto con la Francia, mentre Salem aveva vissuto poco tempo prima una grave epidemia di vaiolo e si verificavano continuamente numerose scaramucce con le tribù indiane. Poiché sempre più stranieri erano attratti dal prestigio della città, i puritani temevano di non poter mantenere i loro privilegi. Infine, il destino della colonia era in dubbio, poiché all'inizio del 1692 si stava negoziando una nuova carta con la corona inglese. Tutti questi elementi hanno contribuito a creare paura, tensione e sfiducia costanti, creando un contesto di isteria di massa.

Infine, esiste una teoria abbastanza diffusa secondo la quale gli eventi sarebbero stati causati da una contaminazione da ergot. Questo fungo, che cresce nei cereali (soprattutto nella segale), contiene una sostanza derivata dall'LSD, che ha la proprietà di provocare allucinazioni.

QUANDO I BOIA CHIEDONO PERDONO

Per 20 anni, i responsabili degli eventi chiederanno perdono per espiare i loro peccati. Il giudice Samuel Sewall si è persino scusato personalmente per il suo coinvolgimento negli eventi. La Corte di Giustizia del Massachusetts dichiarò presto fuori legge i processi alle streghe, così come tutta la Nuova Inghilterra: le autorità americane non condannarono più nessuna strega. Inoltre, una legge della Compagnia della Baia del Massachusetts, datata 1711, offriva un risarcimento finanziario agli eredi delle vittime.

Ma il danno arrecato alla comunità di Salem non può essere cancellato con parole e denaro. Gli eventi del 1692 rimangono un episodio doloroso della storia coloniale americana, che ha lasciato un segno indelebile nella mente delle persone.

- Durante il XVIII secolo l'Inghilterra partì alla conquista dell'America, fondando 13 colonie lungo la costa orientale. Salem, una prospera città puritana, fu fondata nel 1628 nel Massachusetts. Tuttavia, la vita era dura a causa dell'ostilità degli indiani e delle guerre contro i francesi.

- Durante l'inverno 1691-1692, la figlia e la nipote del reverendo Parris trascorrono le loro giornate con la schiava di famiglia, Tituba, che insegna loro trucchi magici e divinazione. Sentendosi in colpa per queste pratiche biblicamente proibite, sono soggetti a crisi isteriche che fanno pensare che siano posseduti da demoni.

- Ben presto, altre ragazze del villaggio di Salem vengono colpite dalle stesse afflizioni. Le ragazze afflitte finiscono per dare un nome ai loro presunti aguzzini: la schiava Tituba, la mendicante Sarah Good e l'immorale Sarah Osborne. Tutte e tre corrispondono al profilo tipico di una strega.

- Con grande sorpresa di tutti, quando Tituba viene interrogata da due magistrati, confessa direttamente di aver fatto un patto con il diavolo. Afferma inoltre che ci sono molte altre streghe a Salem, il che provoca il panico in città.

- Nuove vittime si fanno avanti e a loro volta indicano altre presunte streghe. Le accuse portano ad altre accuse e nessuno è al sicuro dai processi. Anche le élite, come i ministri del culto, i ricchi mercanti e gli eroi di guerra, furono processati per pratiche sataniche. Più di 150 persone sono incarcerate e le prigioni sono piene di streghe.

- Nel maggio del 1692, il nuovo governatore William Phips creò un *Tribunale speciale per la* stregoneria. I magistrati condussero al patibolo 19 persone, nonostante i tentativi dei pastori puritani di placarli.

- In seguito all'opposizione del clero e di una parte crescente dell'opinione pubblica, la *Court of Oyer and Terminer fu* sciolta nell'ottobre 1692. Gli ultimi detenuti furono graziati e ai prigionieri per stregoneria fu concessa l'amnistia.

- Le autorità del Massachusetts passarono i successivi 20 anni a fare penitenza per gli innocenti mandati al patibolo. Alcuni magistrati si sono scusati pubblicamente e sono stati pagati risarcimenti alle famiglie delle vittime. Ma il danno era fatto e il tragico episodio avrebbe lasciato il segno nell'immaginario popolare per i secoli a venire.

PER ANDARE OLTRE

FONTI BIBLIOGRAFICHE

BECHTEL (Guy), *La sorcière et l'Occident*, Paris, Plon, 1997.

BERNAND (Carmen) e Gruzinski (Serge), *Histoire du nouveau monde*, Parigi, Fayard, 1991-1993.

CRETA (Liliane), *Les sorcières de Salem*, Parigi, Julliard, 1995.

GRAGG (Larry), *La crisi delle streghe di Salem*, New York, Praeger, 1992.

LACROIX (Jean-Michel), *Histoire des États-Unis*, Parigi, PUF, 2006.

L'atlante delle religioni, Parigi, Edizioni Le Monde e Malesherbes, 2015.

MORGAN (Edmund S.), *The Puritan Family: Religion and Domestic Relations in Seventeenth-Century New England*, New York, Harper and Row, 1966.

MUCHEMBLED (Robert), *Une histoire du diable (XIIe -XXe siècle)*, Paris, Seuil, 2002.

PALOU (Jean), *La sorcellerie*, Parigi, PUF, 1992.

WAYNE (Andrews), *Concise Dictionary of American History*, Londra, Oxford University Press, 1967.

FONTI AGGIUNTIVE

ARONSON (Marc), *Witch-Hunt: Mysteries of the Salem Witch Trials*, New York, Simon and Schuster, 2003.

CARO BAROJA (Julio), *Les sorcières et leur monde*, Paris, Gallimard, 1972.

Ginzburg (Carlo), *Le sabbat des sorcières*, Paris, Gallimard, 1992.

Hill (Frances), *A Delusion of Satan: The Full Story of the Salem Witch Trials*, Boston, Da Capo Press, 2002.

Miller (Arthur), *Le streghe di Salem*, Parigi, Robert Laffont, 1961.

Muchembled (Robert), *La sorcière au village (xve -xviiie siècle)*, Paris, Gallimard, 1979.

Roach (Marilynne K.), *The Salem Witch Trials, a Day-By-Day Chronicle of a Community Under Siege*, Lanham, Taylor Trade Publishing, 2004.

FONTI ICONOGRAFICHE

Disegno che mostra Martha Corey nella sua cella. La foto riprodotta è considerata libera da copyright.

Incisione del processo di Salem. La foto riprodotta è considerata libera da copyright.

DOCUMENTARIO E RISORSE

Processo alle streghe di Salem, http://salem.lib.virginia.edu/home.html. Sito che raccoglie diverse risorse sui processi di Salem (archivi, articoli, biografie, mappe, ecc.).

Bewitched, documentario di Mark Lewis, Regno Unito, 2002.

MUSEI ED EDIFICI COMMEMORATIVI

Museo delle Streghe di Salem, Washington Square North, Salem, USA.

La Casa delle Streghe, la casa del magistrato Jonathan Corwin, a Salem.

Il memoriale delle vittime della stregoneria nel Salem Village, a Danvers (USA).

Vogliamo sapere da voi!
Lasciate un commento sulla vostra biblioteca online
e condividete i vostri libri preferiti sui social media!

L'editore garantisce l'affidabilità delle informazioni pubblicate, che non possono tuttavia impegnare la sua responsabilità.

Master ISBN: 9782808608237
ISBN cartaceo: 9782808609449
Deposito legale: D/2023/12603/129

Design digitale: Primento,
il partner digitale degli editori.